GRAPHIC
PART II

لـزوجي

فـــايلر .M تانيــــا :الكاتـــب

فـــايلر .M تانيــــا :الغـــلاف

فـــايلر .M تانيــــا :الرســـومات

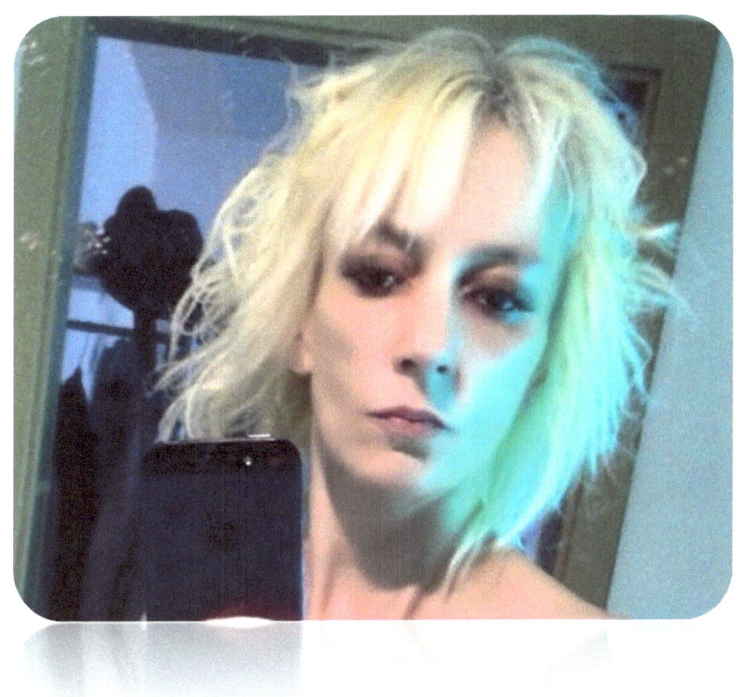

فيلـــــر ميـل المرحلــة اسم الشخصـــي ملفـــي الكاتـــــب

من مـتزوج ،ومؤلـف المهـني الطبيعــــي العــلاج فـــايلر .M تانيـــا اسـمي لـدي فيلــــر ميـل مسـتعار اسـم تحـت .فـــايلر .L ديـرك المؤلـف حقيقيـــــة قصـة ثلاثيـــــة علــى 2014 بدايـــة - 2013 عام منتصـف "STANTE PEDE" كتــاب الشـــعر أجزاء وأربعـــة ،"العــدم من الضـــباب" قصــيرة وقصــص ةالخــاص التوضــــيحية الرســوم نظـيره مع .نشــرت - الخيــال الحقيقــــي فـلاش - "ســيئة الأليفـــة والحيوانـــات" جزر وبلــدان كلمـات - "المخـدرات هو الشــعر" :الحقيقــــي اسـمي تحـت صـور - "كيــتي مغامرة" ،الإنجليزيـــة اللغــة فـي - الهادئ المحيـط مع صـورة الكتــــاب وهو ،"10 الكتـــاب" و للأطفـــال وقصـص وقصـــائد كتـــاب فـــي المتاحـــة 11 الكتــــب جميــع هي تراهـا .وكلمـات نصـوص .الاليكــــــتروني والكتـــاب

قصــة / "شــيء لا من الوجـود فـــي الضـــباب" نشــرت 2007 عام فـــي قـد - المتحــدة الولايـــات فـــي للخصوصــــية يلعـــب والعمـل ،حقيقيــــــة ."مكـان أي من الضــــباب" 3 أجزاء ذو-مراجعة إلــى تحــول

تكـــون أن هو التواصــــل لأن ؟"الســرعة وجه علــى" للشـــعر اسـم هو لمـاذا بالبريـــــد الظـلام كـان 2013 صــيف فـــي الحـال هو كما !جدا المشـــاهير مع من للـــزوجين فوريـــة مساعدة ،وليــام واحد وقـت فـــي والتقـــى الخـارج من اصـطحاب والســـيئة .ميــلاد عيـد فيلهلـــم لـديها واليــوم ،الخــارج جنســيات من والنـــاس ،فــلاش الخيـــال قصـــص - الأليفـــة الحيوانـــات ،معينـــة لفرقـــة الموســـيقى :واحد شـيء لـديهم الـذين مختلفـــة إصـدار بعــد .الحقيقيـــة الخلفيـــة أسـاس علــى ،الحـال بطبيعـــة فـــي الفرقـــة من مهاجم أن تعلمـــت ،"الثالــث الجــزء العــدم من الضــــباب" بلــوق لـدي أن تــذكرت وفجــأة ،الأغــاني تنشــر سـوف 2013 أكتوبــــر

فـــي جزئيـــا وذلـك ،(2008 عام فـــي مكتوبـــة - 2006) قصــــائد مع البـــور الخاصـــة الرســــومية لها التوضــــيحية الرسوم مع الإنجليزيــــة اللغـــة جزءا ما النتيجـــــة وكانـــت ،لـــي أوحت الـــتي الهادئ المحيـــط جزر وبلـــدان حـــتى تليهـــا ،والادمان ."الفـــوري بقيـــة - STANTE PEDE" أول من عقـدي :الإغـلاق وحجم 3 الجـزء ،X موجه قياســـي وقـت فـي الشـعر معرفـــة فـــي الحـق لـــديهم الأطفـــال !الحقيقـــة وتعقـــب ،investigare كتـــاب .2 وجاء ."كيــــتي مغامرة" الأطفـــال كتـــاب فـــي ويقـــف الحقيقـــة سلســـلة من الاســـــتنتاج .خمر نمط فـــي صـور - خمر الليلـــة صـور مع "الهادئ المحيـــط جزر بلـــدان خيـــالي - النهـــائي" ،3 الجـزء هو "كتـــاب" الشـــرائح عرض يوتيـــوب علـى ساعة 22 .17.11 منذ !المـركزي السـؤال فـــايلر .M وتانيـــا فـــايلر .L ديـرك قبـــل من المطبوعـــة الكتـــب علـى (فيلـــر ميـل) https://www.youtube.com/watch؟v=x-5tnNf7rNo&feature=youtube.de

مغامرة كيـــتي" :بيـــوك - الاليكـــــتروني الكتـــاب نشـــرت 2014/11/18 .. كتابـــا 16 - "الثالـــث الجـزء مغامرة كيـــتي" 19.11 "الثالـــث الجـزء - 4 التفعيـــــل كـود طلـب إن" المستشـــار كتـــاب .والنفســـي الكتـــاب - DLFV :ديســـمبر مبكـر وقـت فـــي .عمل أحدث هو "الصـــديقات ،"الحيـــاة أجل من العمليـــات - androids فـــي" ،الرسـومات فـن عن كتـــاب الإنجليزيـــــة اللغـــة فـــي الجاريـــة الأحداث .12/10 منـذ عمل وآخر ،غـارنر اريـك وفـاة 2 الجـزء 20 كتـــاب :بيـــوك كما الألمانيـــة والطبعـــة .والأسـود بـــالأبيض الصـور مع الفـــن كتـــاب هو كتـــاب فـــي 20 كتـــاب ،الكاتـــب) زوجي مع جنـب إلـى جنبـــا ."أغنيـة جعل" بعنـــوان كتـــاب 23 أربعــة" 1.1. 2015 علـى نشـــرنا (العـــالم أطفـــال نحـن - الخـــالق ،الناشـــر لهذه أيضـا مخصص "تــرددات" .معيـن لفنـــان تقـــديرا - "اللســـنة الجـزء نشـر تـم .1 15 فـــي .الجديـــد الوافـــد عمل هو 25 كتـــاب ،المـرأة جزر وبلـــدان الإنجليزيـــــة قصــــائد - "المخـدرات هو الشـــعر" من الثـــــاني الألمانيـــة - "العالميــــة الإصـــلاح" زوجي نشـــرت .وأكـــثر الهادئ المحيـــط الطبعـــة والإنجليزيـــــة.

"Reich ist besser
als arm!

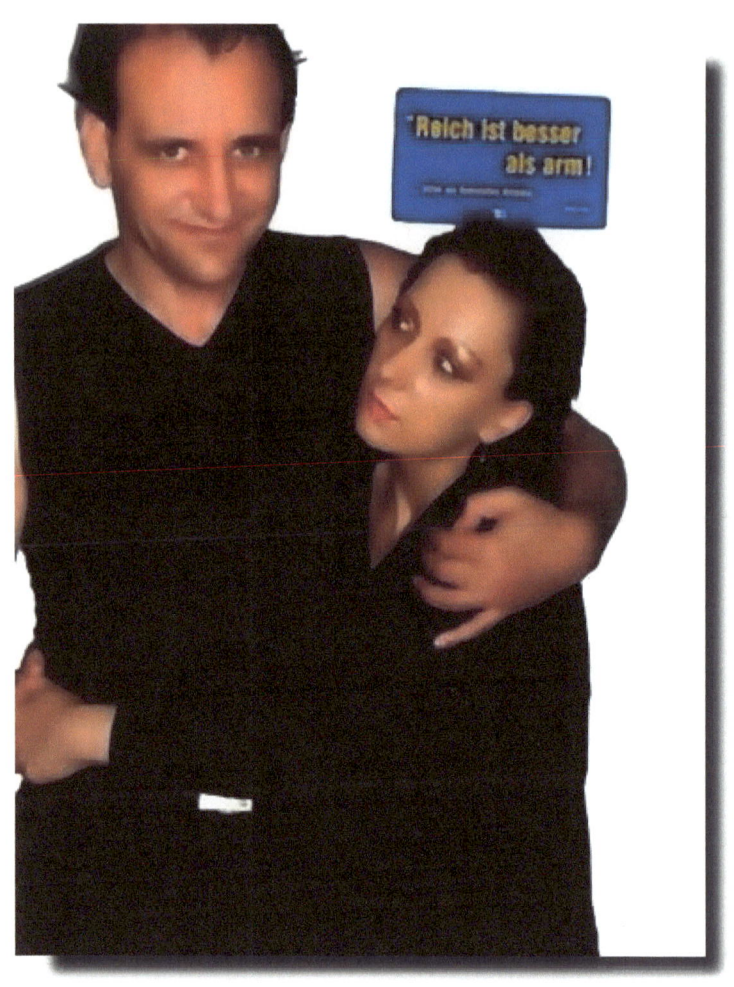

الشــاطئ على المشــي والفـــن باليـــد رسومات إلى جنبـا تســـير

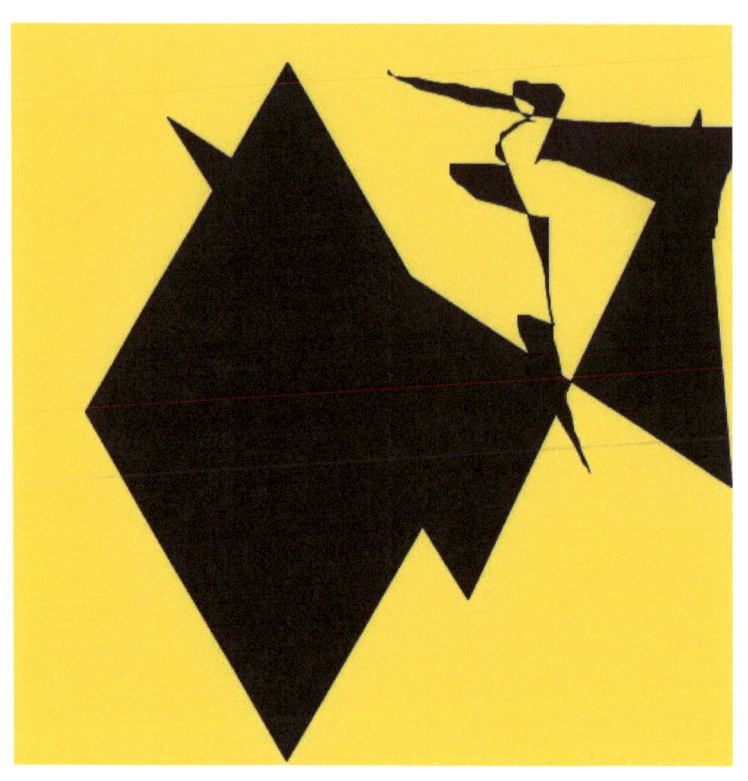

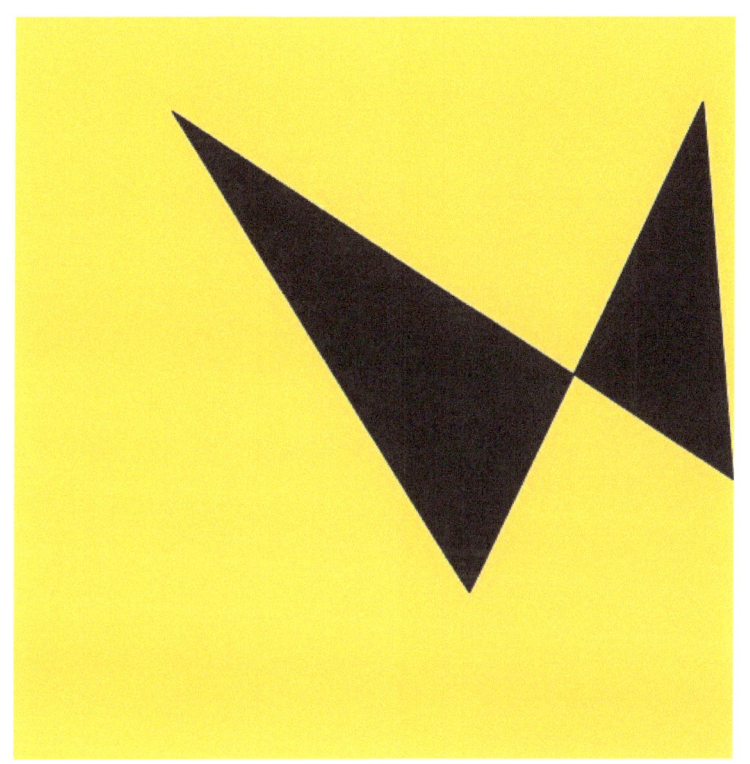

من "DLFV - كتـاب" ديـرك L. فــايلر

وصف نص قصير قصير لـي: سوف تجـد إذا، كنـت ترغـب فـي
الحصـول علـى نـص طويـل عنـي، تتوقـف فقـط فـي كتـابي
إكتابي.

ملاحظة ديـرك فـايلر يظهـر فـي كتابـه بأنـه رجـل التنقيــب الحيويــة
الـذات. تجربتـــه مـع aeuseren الذهان تشــكل الإطار وسـبب شخصـي
لكفاحــه أجل مـن تحقيــق الـذي الوجـودي يفتـح فـي محاولات اعـادة
اعماره مـن العــوالم الداخليـة الخارجيـة والـفي مسـارات فلسـفية.
والنقـابي Erzaehlstil المؤلـف هـي مناسـبة لتخفيــف الهيـاكل
يتبعـون هذه الطريقـة، للقـارئ المعرفيـة ويـؤدي هذا مـن واقعهـم الخـاص بهـا. أولئـك الـذين

6

فرصـة للبـدء فـي فهـم التجـارب الشـريط الحـدودي الإنسـان مثـل
تلـك التـي واجهتهـا فـي الذهان. وبصـرف النظـر عـن المحتــوى
الفعلـي، هو للتشــكيل اللغـوي - والتعبيــر وديـرك فــايلر، وإعطـاء
سحـر النـص قـوي وزيـادة تأثيرهــا مسـتدامة. وعنـد النظـر إلـى الكتـاب
الفعلـي عـن عمـل فنـي. أدبيـة وبالتـالي فإننـا نتحـدث
Tiefthal رولان شـميت هو طبيـب نفسـاني، Masurenhof - تحـت جهـة نظـر المستشــفى
الاجتمـاعي النفسـي، Tiefthal

ناشـر الكتـاب هذا ناشـر يجـب أن هنا يسـمى بشــكل صحيـح،
لأن هذا الكتـاب أراد التحـرك الناشـر الأخـر، الناشـر وهي BOD الـذين
جلبـوا هذا الكتـاب بهـا، لـم يتـرك تعليـق حول هذا الكتـاب. وبالتـالي
فـإن التعليـق التـالي هو واحـد فقـط مـن العديـد مـن التعليقــات حول

12

كـــبروتوكول قـراءة يمكــن العمـل هذا :الناشــر "ال" من وليــس الكتــاب هذا المؤلــف .الطــبي

7

من المتابعـــــة عمل فـــي ســيما ولا العمـل لهذا معنـى يـرى الـذي ،نفســـه العـــالم ولمس مثـــيرة ولكــن ،موحيــة - مجردة ومؤطرة ،الســـابقة التجـارب إشـارات من أمور جملة علـى الحصـول والأصحاء المرضــى .حولـه من كتـــاب .الحيـــاة فـــي العمليـــة الحيـــاة أفكـــار وقواعـد فلســـفة إلـى عديـدة الشـجاعة يجعــل. Literareon، ميـــونيخ.

والمخـاوف "متابعـــة" لأنــني كتبــت الكتـــاب هذا تعليـــق الكاتـــب الأشــخاص أن الحالــة تــزال لا للأســف هو ،الحاضــر الوقــت فــي ."خاصـة" هم الـــذين بيـــن يخلـــط النـــاس مع عقلـــي مرض من يعـــانون الـــذين عقلـــي مرض من يعـــانون الـــذين للأشـــخاص هي وهذه ،ذهنيـــا المعـــاقين فـــي التوســـع من عـانوا الـــذين للأشـــخاص فقـــط الأحيـــان من كثـــير فـــي معظم فـــي ولكــن ،المخـدرات من الأحيـــان من كثـــير فـــي وأضـاف ،وعيـه .الطفولـــة مرحلـة فـــي الســـيئة الاجتماعيـــة الظـروف بســـبب الحـــالات ."المرضـــى" فهـي وبالتـــــالي ،بـــاطني منطقـة فـــي أيضـــا كثـــير زادت لـم هذا ولكــن

8

ونحــن الله وعن الحيـــاة معنـى عن يبحثـــون وأنهم مصـــلحتهم جعلـوا من كثافـــة أكـــثر فقـــط هذا تفعـــل النـــاس بعـــض ،بـه القيـــام جميعـــا .الأصـوات يســمع أن الإعـلام لوســـائل مفتـــوح هو لاما الـــدالاي .غيرهـا الطبيعـــــي من أنـه لـه بالنســـــبة تمامـا الطبيعـــــي من وأنـه ،لـه بالنســـبة محادثـات لإجراء الموتـــى مملكـة فـــي يـوم يمضـــي أن بمجـرد أنـه تمامـا فـــي فقـــط .اليـــوم أيضـــا الطبيعــــي هو وهذا ،لـــي بالنســـــبة .معهم أفهـم أن أســـتطيع لا .جدا وفوجئـــت ،أصـوات سـماع بـدأت عندما البدايـــة منـذ المتوفـــى الاســـتماع وأنـــي أفكـــاري سـماع للشـــخص يمكــن كيـــف وهناك ،اليـــوم عـــالم فـــي الأوقـــات علـــى نظـرة نلقـــي .طويلـــة فـــترة أقـول أن أســـتطيع ،أنـا المشـــكلة؟ هي أيــن .التقـــارير هذه من الآلاف

وليـــس جميـل شـخص ،أيضــا ذلـك يقــول الآخـر والبعــض لنفســـي مــريض آخر شــيء أي أو ضــرر لــه ليــس ذهنـي ،أيضـــا .مــريض حيــوان لــدي لأن ،أصــوات وأسـمع توســـيعها وعي سـوى لـدي وليـــس ،لجســدي صـــفقة هو ما .عادي غـير الإطـلاق علــى شــيء يوجـد لا .تمامــا مثلـــك ،آذان PIN بلـــدي بصـــوت تفعـــل كنــت إذا كبـــيرة

9

وتـــأتي لـي تحـــذير أو لهم نســـيت قـد كنــت إذا ،العميـــل بطاقـــة ويطلـــق لا محميـة؟ عمل ورشـة فـــي والعمـــل ،التصـــور هذا لـدي لأن وأنــا ،ســـيارة ،لـــي مشـجع اكـــبر هي زوجــتي :2014 نوفمـــبر .لـي ليســـت .شـكرا حيـث وخاصـة ،وتوزيعهـــا ،2000 عام فـــي مخطوطة قـرأ قـد انهـا وقالــت من كـل ... يعـــني النفســـــى سـوز فـــي ،الوقــت ذلـك فـــي عملـت .الكتابـــة من نفســـه يحـــرر يعـــد لـم الآن .لقراءتهـــا "كـان" المتـــــدربين ونوفمـــبر 2013 عام يوليـــو بيـــن مكتوبـــة مجموعه ما لـــديها زوجـــتي لهـا مســـتعار اسـم تحــت .بيـــوك وكمـا دوليـــا والمتاحـــة ،كتابـــا 15 2014 الخــاص Autorenportrait .الحقيقـــي اسمها تحــت والتيـــار فيلـــر ميـل بـــك: http://www.amazon.de/MelFeller/e/B00JAWTG1I وhttp://www.amazon.de/Tanja-M.Feiler/e/B00PH1J6PM/ref=ntt_dp_epwbk_0 فـــي يونيـــو 2013 لـــديها أي شــخص من الخـارج أرسـلت رسـالة بالبريـــد وأخـيرا ،وزوجتـه ،اعدةالمس علـى للحصـــول طلـب مع الالكـــتروني ،اوبامــا حســين بــاراك عن ولكــن ،نعــم ،أمامه المهمة هذه جعل الـذي الشــعب بيـــل ،أوبامــا ميشـــيل

10

يتـــم .ســاعدت لقـــد بــــالطبع ،رســائل من العديـــد وتلتهـــا ... كلينتـــــون .زوجــتي الكتـــب فــي الإلكـــتروني البريـــد مراسـلات توثيـــق ،والبريـــد ،الأخـيرة الآونـة فـــي ،الــتزامهم خلال من يحصـــل زوجـــتي وروح قلـــب أنــت" :لـــي حول .زوجـــتي فخـــورة أنهـا أوبامــا ميشـــيل ويقـــول أنــا ولكــن ،العمــل هذا فـــي الوقــت من الكثـــير اســـتثمرنا لقــد ."OFA

جدا مهم أمر والموضـــوعية الإنســـــانيين - العلمـــاء من وزوجــتي إلــى المســـافة من صـــحية كميـــة هناك يكـــون أن يجـــب .لنـــا بالنســـــبة شـــريك وأنـــا ،بلـــدي المجـــالات بناؤ هـــا أعيـــد لقـــد .عملهم علـــى التركـــــيز زوجـــتي ،شـــيء كل بعـــد ،البشـــــرية للتنميـــــة العاملـــة للمنظمـــات وداعم الأوليـــة النهاريـــة الرعايـــة مشروع لـــــديـنا يفقـــــد لـم بـــــالطبع وأنـــا بعـــض قابلـــــت عنـدما المرة كانــت 2013 يونيـــــو .الأنظـــار عن بعيـــــدا الصـــورة فـــي .ســـــــوانبويل كانــــديس مع أصـــدقاء زوجـــتي ،"النجـــوم" الأســـهم أداء عن قســـما:

2015/01/01 فـــي معيـــن لفنـــــان تقـــــديرا معا وأنـــا زوجـــتي نشـــرت وقـــد الإصـــلاح" ،الجديـــد كتـــــابي الآن عليـــه هي ."للســـــنة أربعـــة"

Dirk L. Feiler | بوك فيـــس - Facebook

ar-ar.fb.me/DirkFeiler

Diese Seite übersetzen

بـــوك فيـــــس إلـــى انضـــم .بـــوك فيـــــس فـــي موجود Dirk L. Feiler إن يمنـــح .تعـــــرفهم قـــد آخـــرين وأشـــخاص Dirk L. Feiler مع للتواصـــــل المشـــاركة علـــى القـــدرة النـــاس بـــوك فيـــس...

من؟ يـــد علـــى .لـــزوجي هذا كتـــب

رسومات بالأبيض والأسود

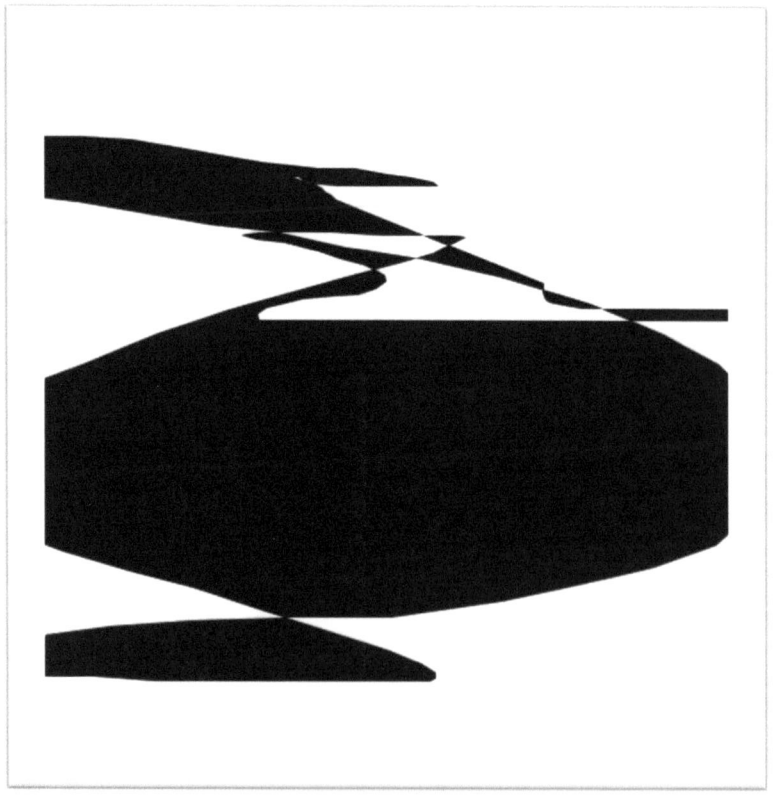

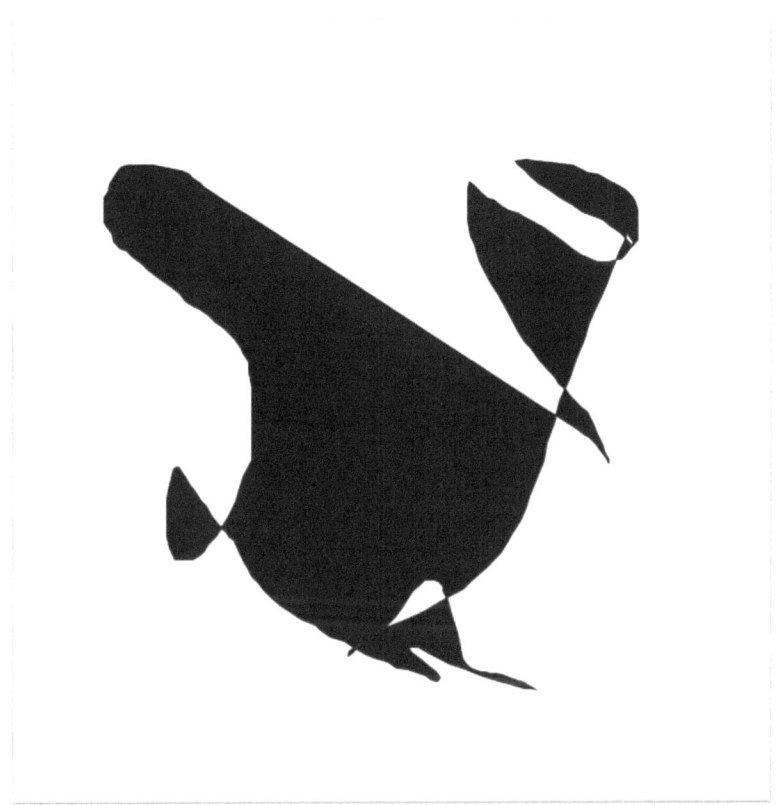

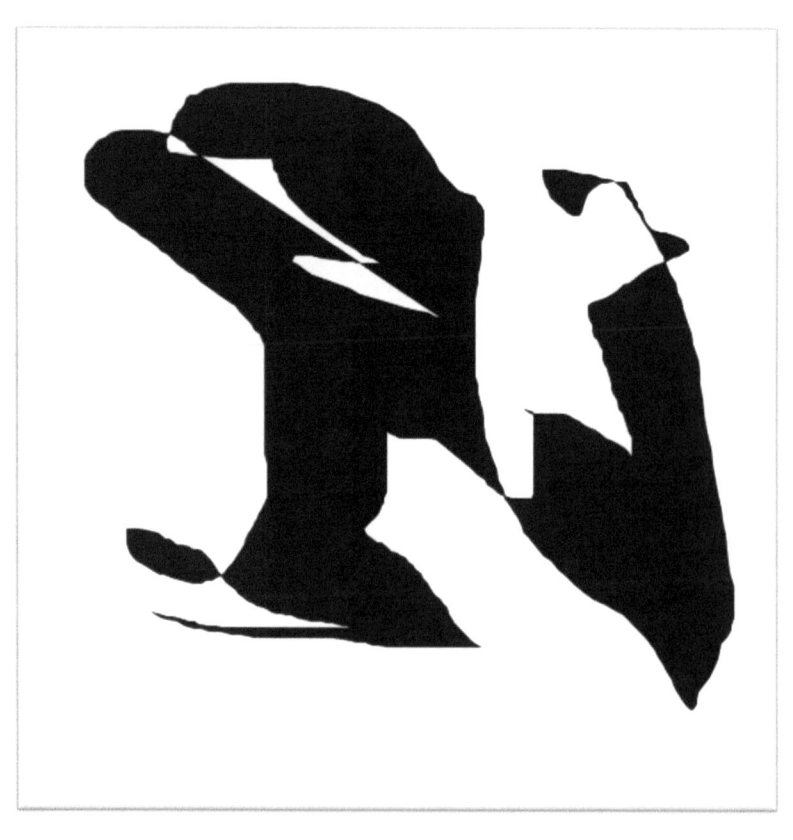

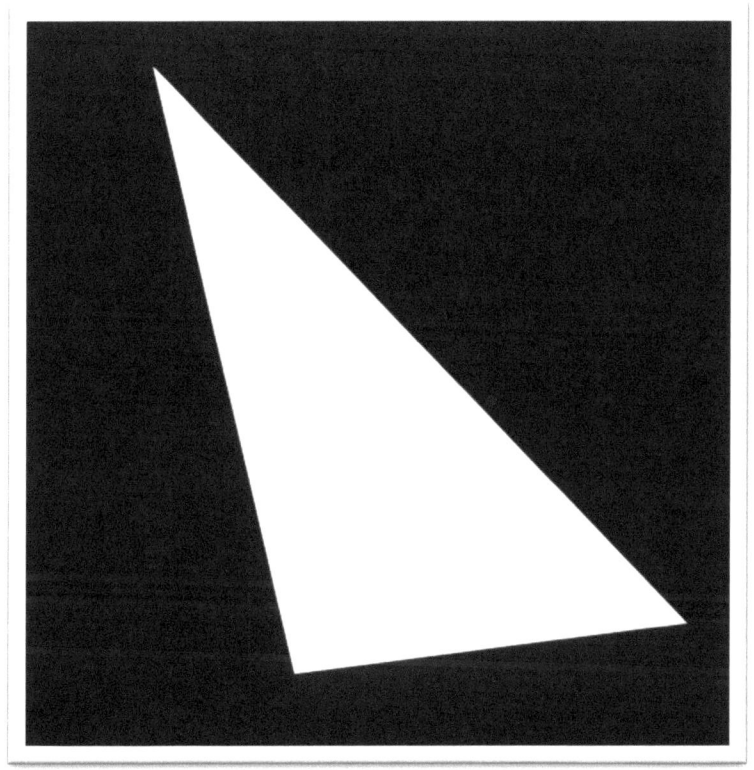

الصـــور معرض

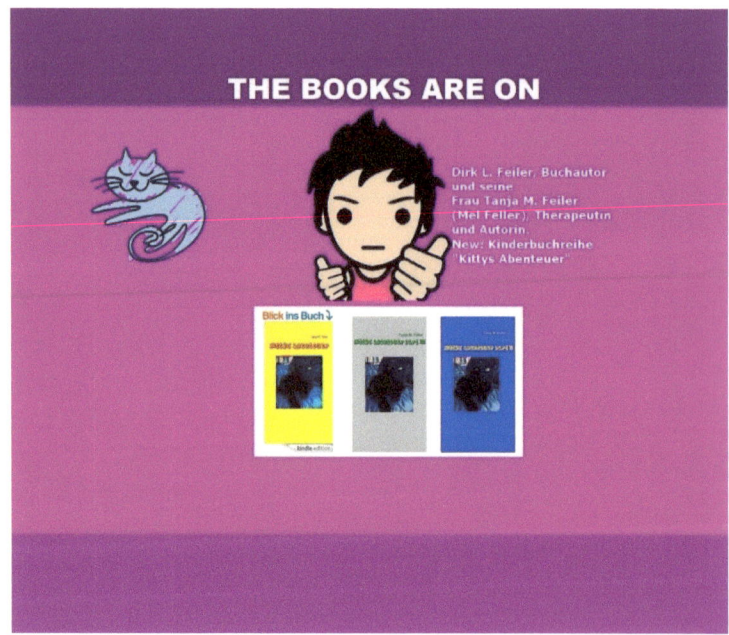

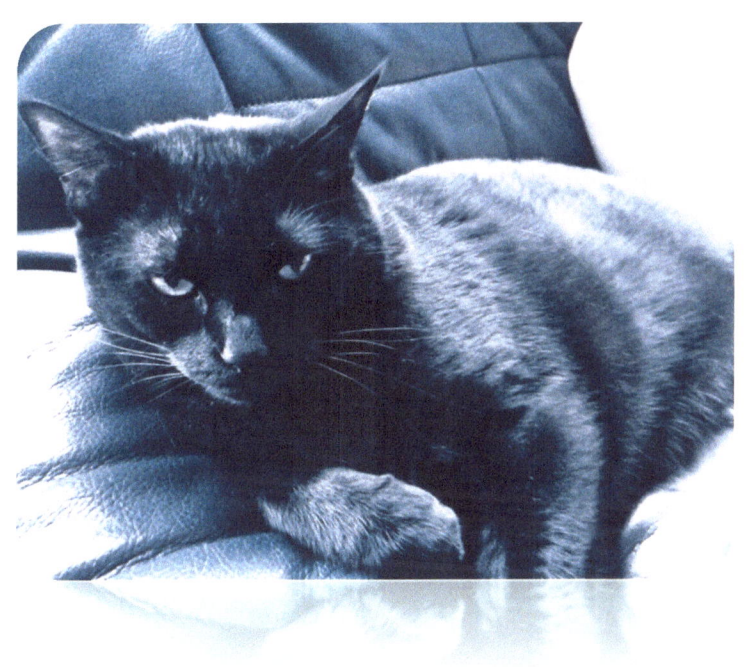

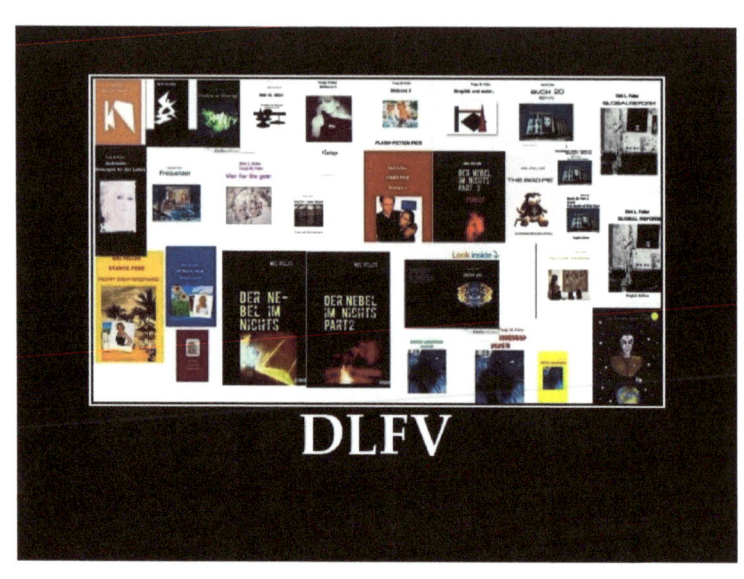

DER NE-
BEL IM
NICHTS
DER NEBEL
IM NICHTS
PART2
Look inside
DLFV

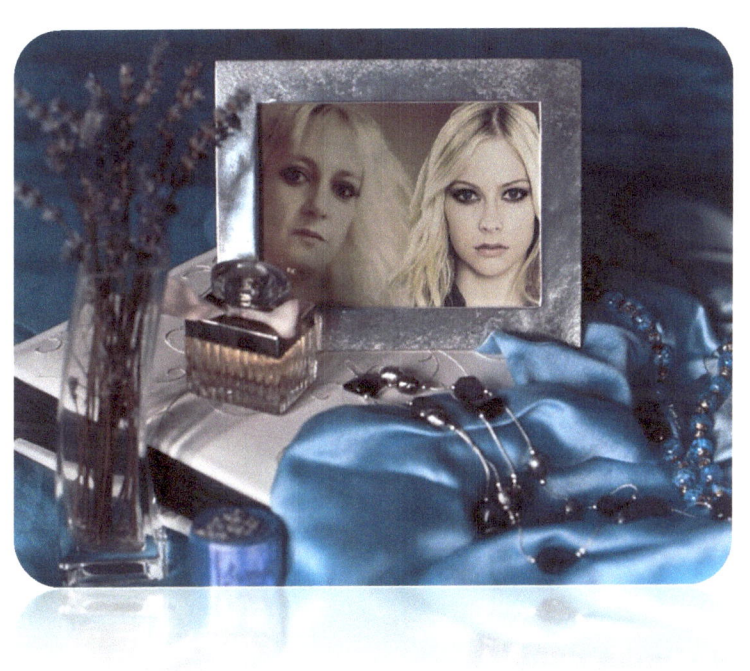

Der alchemist
In den 90 er Jahren
Es hat ihm nichts mehr gebracht
Also hat er sich gedacht

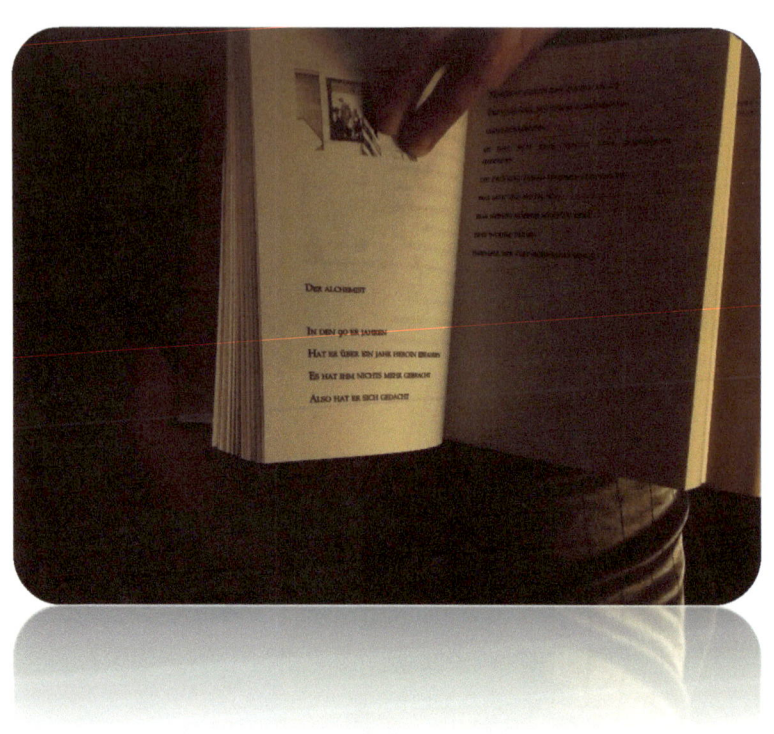

زوجي بالشـــــكر وأخص